El sistema digestivo

Grace Hansen

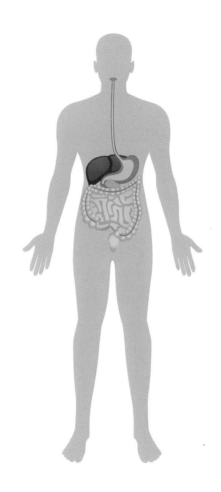

LA CIENCIA BÁSICA:
EL CUERPO HUMANO

Abdo Kids Jumbo es una subdivisión de Abdo Kids
abdobooks.com

abdobooks.com

Published by Abdo Kids, a division of ABDO, P.O. Box 398166, Minneapolis, Minnesota 55439.
Copyright © 2020 by Abdo Consulting Group, Inc. International copyrights reserved in all countries.
No part of this book may be reproduced in any form without written permission from the publisher.
Abdo Kids Jumbo™ is a trademark and logo of Abdo Kids.

052019

092019

 THIS BOOK CONTAINS
RECYCLED MATERIALS

Spanish Translator: Maria Puchol

Photo Credits: Alamy, iStock, Science Source, Shutterstock

Production Contributors: Teddy Borth, Jennie Forsberg, Grace Hansen

Design Contributors: Dorothy Toth, Laura Mitchell

Library of Congress Control Number: 2018968151
Publisher's Cataloging-in-Publication Data

Names: Hansen, Grace, author.

Title: El sistema digestivo/ by Grace Hansen.

Other title: Digestive system. Spanish

Description: Minneapolis, Minnesota : Abdo Kids, 2020. | Series: La ciencia básica: el cuerpo humano

Identifiers: ISBN 9781532187391 (lib.bdg.) | ISBN 9781532188374 (ebook)

Subjects: LCSH: Digestive organs--Juvenile literature. | Digestive system--Juvenile literature. |
    Digestion--Juvenile literature. | Gastrointestinal system--Juvenile literature. | Human anatomy--
    Juvenile literature. | Spanish language materials--Juvenile literature.

Classification: DDC 612.3--dc23

Contenido

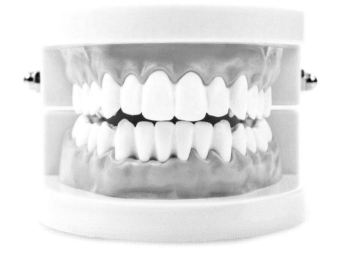

El sistema digestivo

El sistema digestivo convierte la comida en energía para el cuerpo. Se asegura de que el cuerpo reciba de los alimentos los **nutrientes** que necesita.

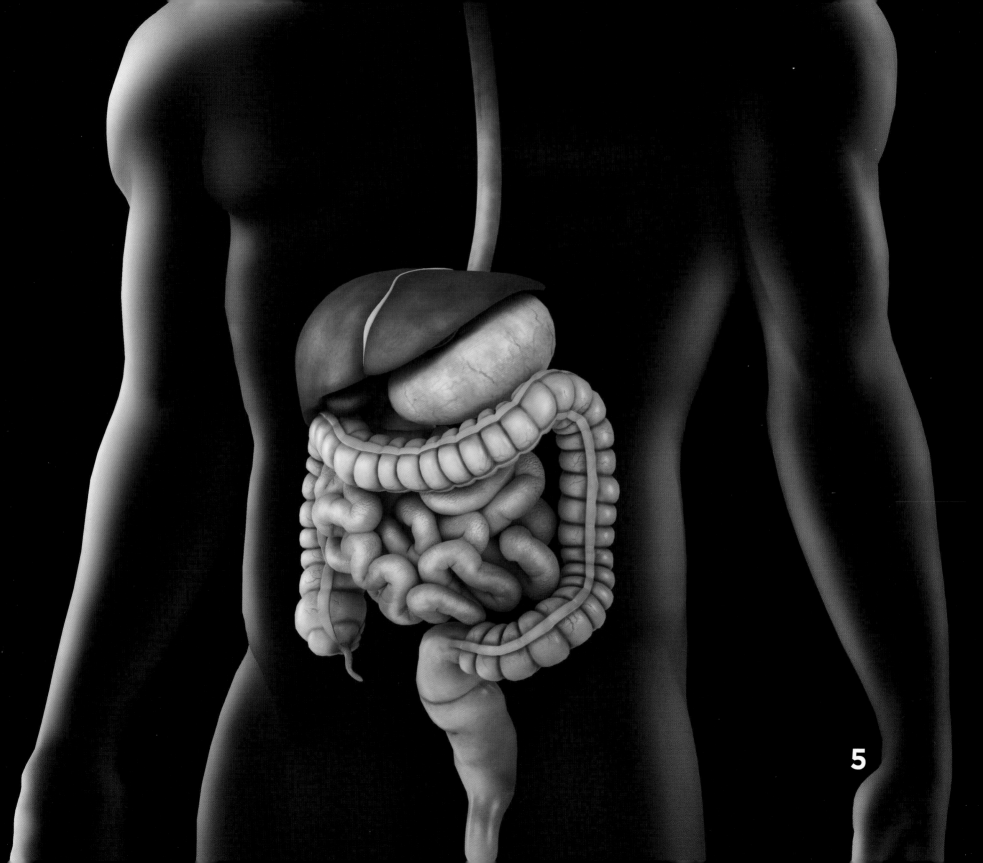

5

La digestión comienza antes de dar el primer bocado. La boca produce saliva, lo que ayuda a poder tragar la comida. El cerebro le manda una señal al estómago para que empiece a producir **ácidos gástricos**.

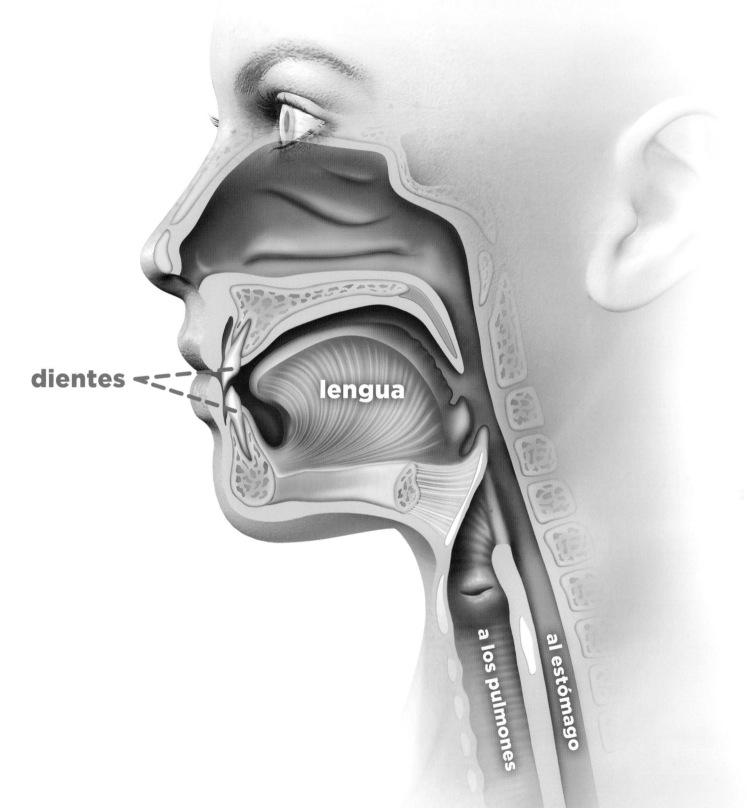

dientes

lengua

a los pulmones

al estómago

7

¡Mastica bien!

Los dientes trituran la comida.

La lengua empuja los alimentos

en la boca hacia la garganta.

Esa comida baja por la

garganta y el esófago.

9

El estómago y los intestinos

Los alimentos llegan al estómago y sus músculos los mezclan con los **jugos gástricos** y las **enzimas**. Estos ácidos descomponen los alimentos.

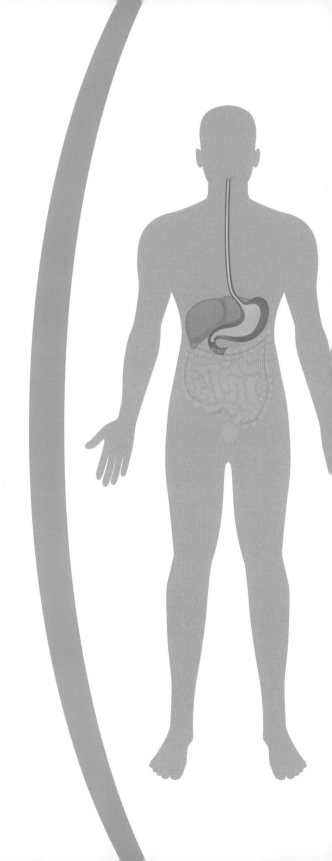

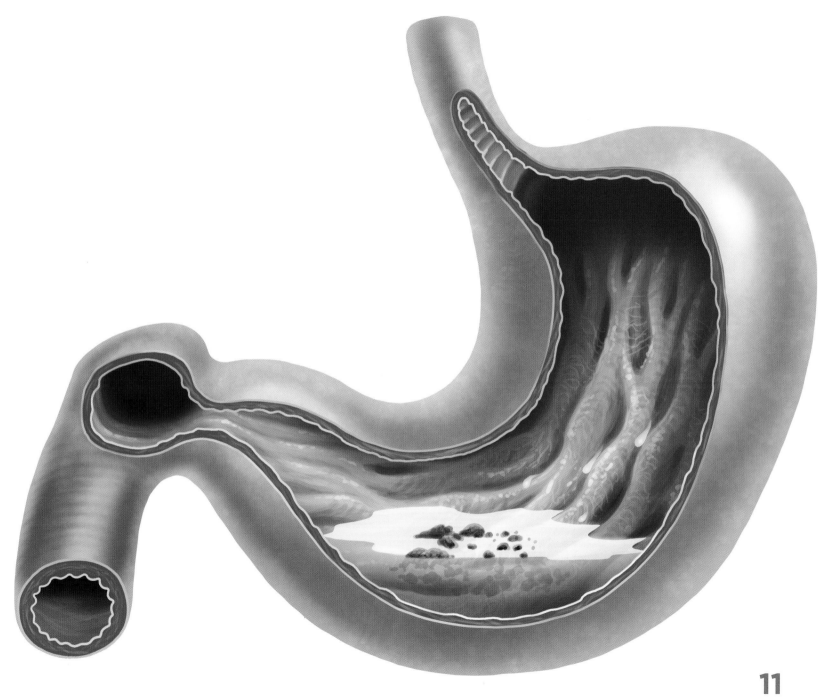

11

Aquí la comida ya es una pasta que se llama quimo. Sale del estómago por el **píloro** y pasa al intestino delgado.

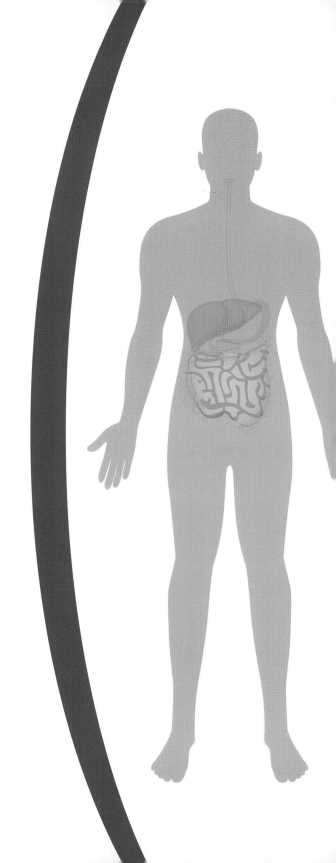

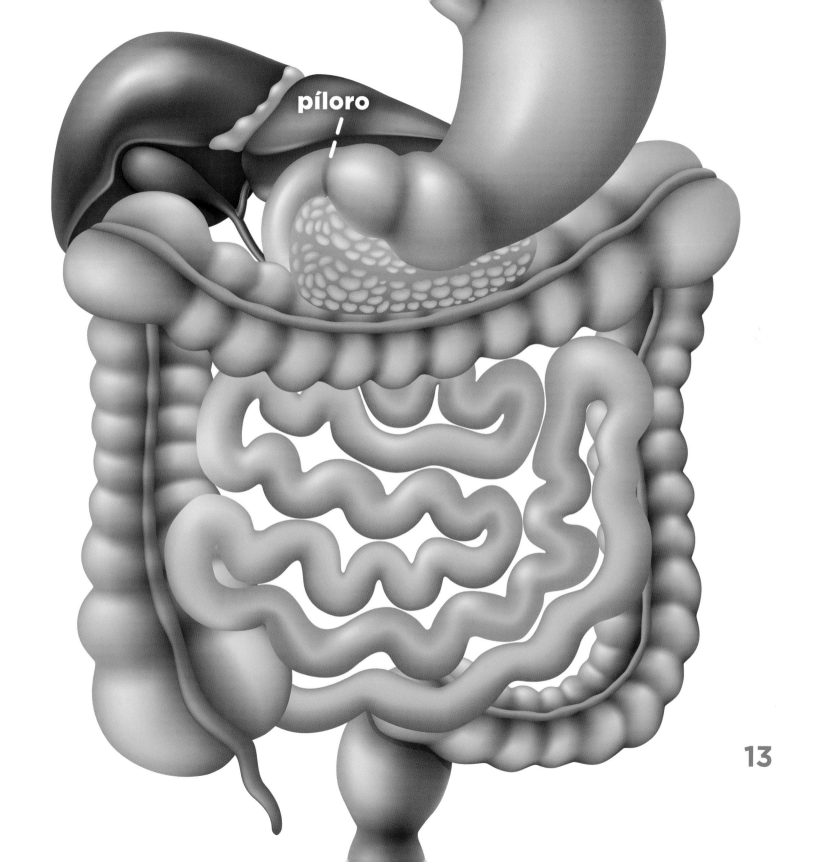

píloro

13

El interior del intestino delgado está cubierto de unos pequeños bultos. Éstos se llaman vellosidad intestinal y sirven para absorber los **nutrientes**. Estos nutrientes entran en el flujo sanguíneo. Llegarán a todo el cuerpo a través de la sangre.

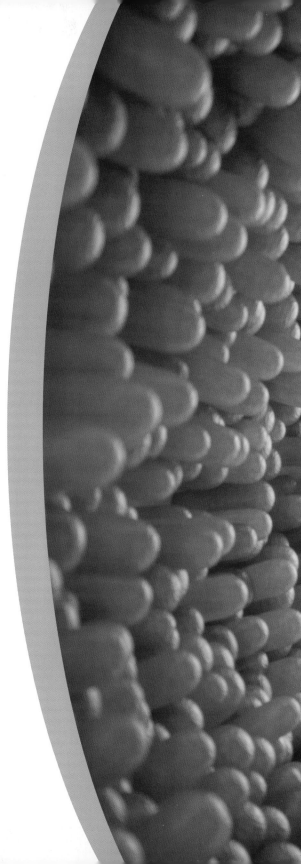

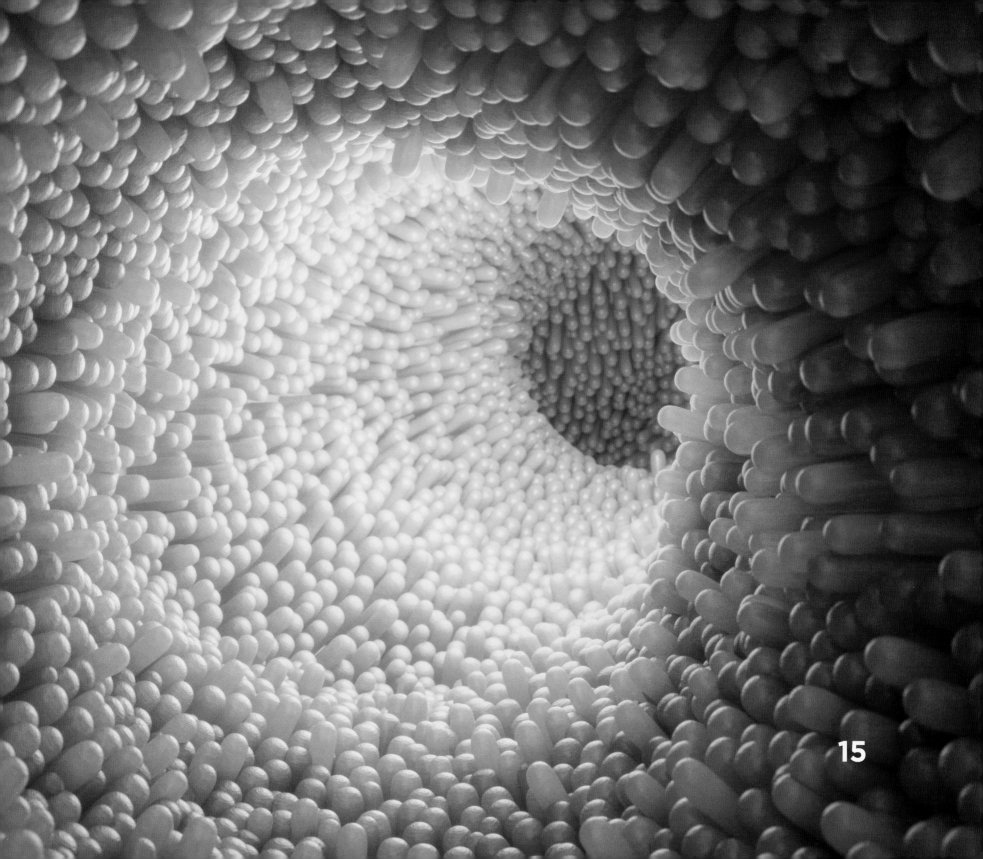

El resto de desechos pasan
al intestino grueso. En el
intestino grueso hay mucha
bacteria buena. Esta bacteria
descompone todavía más los
alimentos. ¡Este proceso puede
provocar un poco de gas!

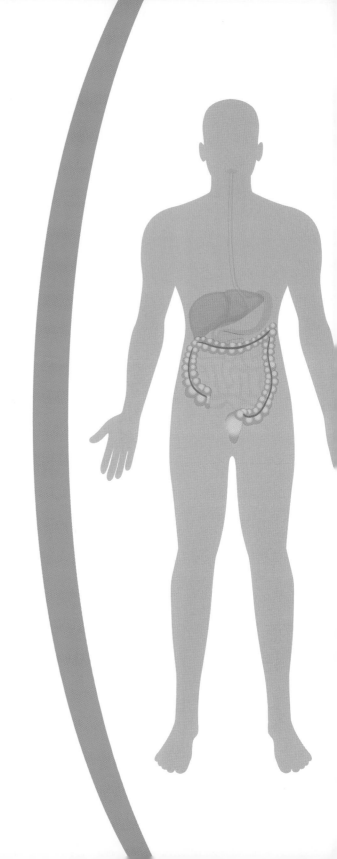

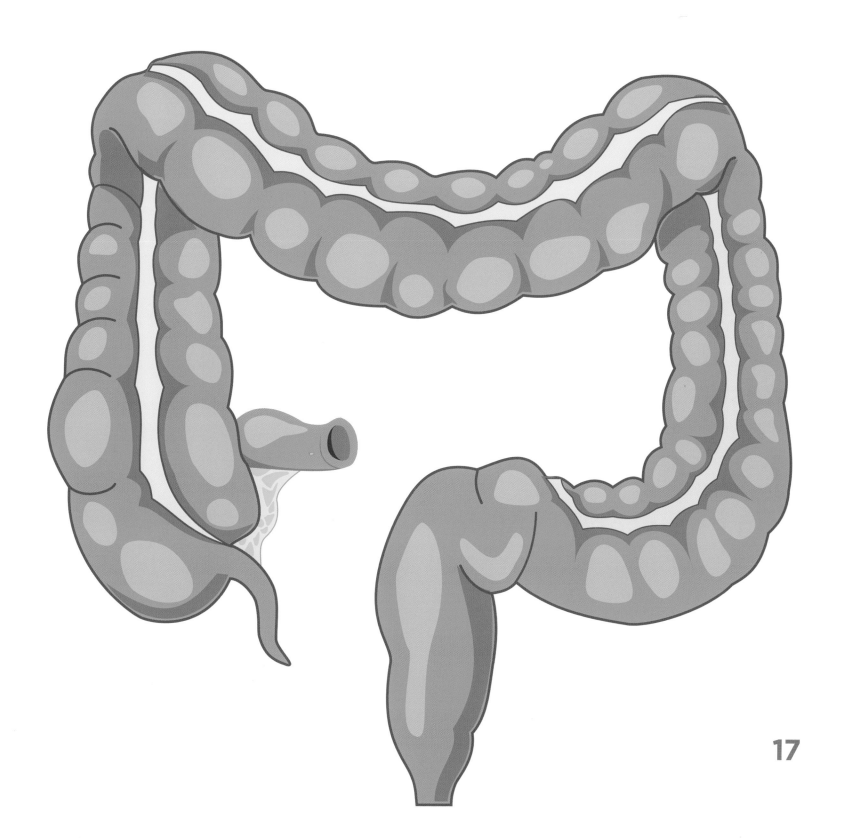

17

Las microvellosidades del intestino grueso ayudan a sacar toda el agua. Así se crea un desecho sólido.

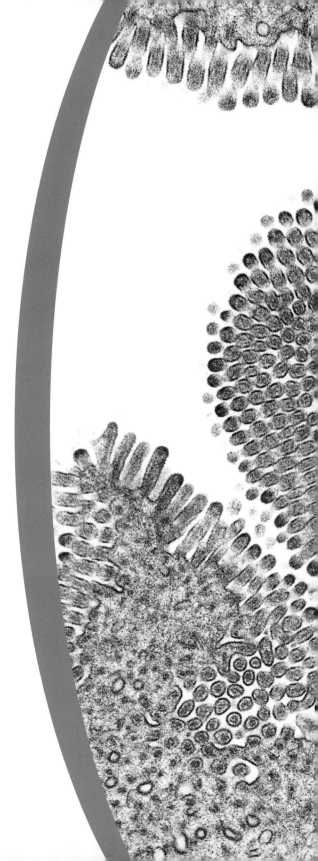

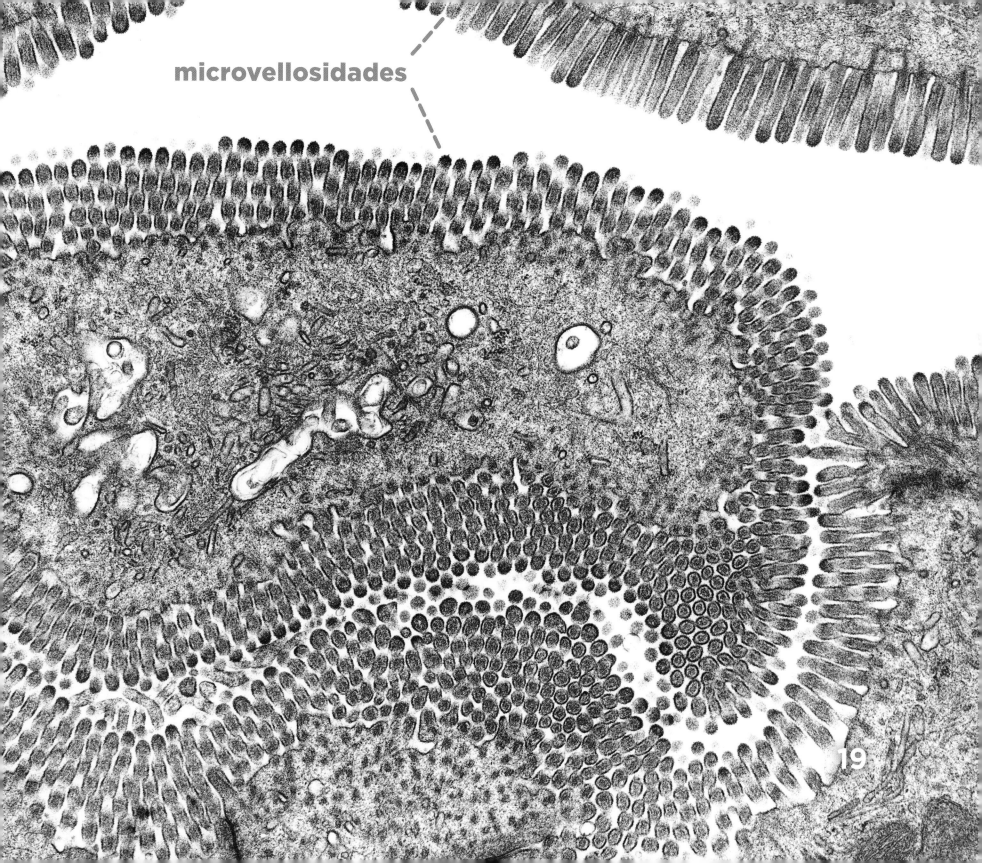

microvellosidades

19

El intestino grueso tiene una misión más. La de expulsar fuera del cuerpo los desechos sólidos.

21

¡A repasar!

- El aparato digestivo transforma los alimentos que se comen en **nutrientes** que el cuerpo puede usar.

- Los nutrientes en la comida aportan a las células del cuerpo la energía que necesitan para funcionar.

- Los dientes trituran la comida. La saliva humedece esos alimentos para que sean fáciles de tragar. La lengua los empuja hacia la garganta.

- El intestino delgado descompone y absorbe la mayoría de los nutrientes.

Glosario

ácido gástrico – líquido digestivo que ayuda a fragmentar y descomponer las proteínas en la comida.

bacteria – en los intestinos, microorganismo que ayuda a digerir alimentos, absorber nutrientes e impidir la entrada de gérmenes, entre otras cosas.

enzima – sustancia que ayuda a acelerar reacciones bioquímicas en el cuerpo.

nutriente – sustancia esencial para el crecimiento y mantenimiento de un ser vivo.

píloro – abertura del estómago por la que los alimentos pasan al intestino delgado.

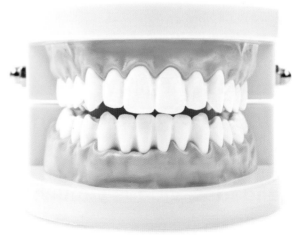

Índice

Abdo Kids
ONLINE
FREE! ONLINE MULTIMEDIA RESOURCES

¡Visita nuestra página abdokids.com y usa este código para tener acceso a juegos, manualidades, videos y mucho más!

Código Abdo Kids:
BDK1856